AF339910

M.-A. GROMIER

PORTUGAL
ANGLETERRE & FRANCE

LETTRES

AUX

Commerçants Français

PARIS
IMPRIMERIE LEFEBVRE
Passage du Caire, 87-89

1890

M.-A. GROMIER

PORTUGAL

ANGLETERRE & FRANCE

LETTRES

AUX

Commerçants Français

PARIS
IMPRIMERIE LEFEBVRE
Passage du Caire, 87-89

1890

Je dédie ces " *Lettres* " à la mémoire de

COINT-BAVAROT (de Lyon),

qui fut un manufacturier intelligent, un économiste distingué, un ami sincère, un père de famille modèle et un grand patriote.

Le premier, il donna l'idée de la création des **Chambres de Commerce françaises à l'Étranger** et, toute sa vie, il s'occupa de leur développement avec le zèle, l'habileté et le désintéressement les plus rares.

Le premier, en 1886, lors de mon retour en France, il accueillit, défendit et propagea mon programme, déjà vieux de vingt ans, d'une **Union économique Méditerranéenne.**

Puisse la génération nouvelle posséder la foi robuste que Coint-Bavarot conserva toujours en la supériorité des œuvres de paix et de concorde pour assurer le règne de la justice et de l'harmonie entre les peuples.

M.-A. GROMIER.

M.-A. GROMIER

PORTUGAL
ANGLETERRE & FRANCE

Lettres aux Commerçants Français

I

Le conflit fâcheux, volontairement créé par l'Angleterre, doit attirer en ce moment l'attention toute particulière de la France sur le Portugal et resserrer, s'il est possible, les liens d'amitié et de parenté qui unissent les Français aux citoyens de ce noble et valeureux pays opprimé, exploité, appauvri, mais fier, chevaleresque et laborieux autant qu'honnête.

Depuis bientôt trois mois, toute la population

portugaise a bravement mis le commerce anglais à l'index : les vaisseaux britanniques quittent les ports de Lisbonne et de Porto sans frêt et en oublient forcément la route ; les banques anglaises voient leurs dépôts retirés avec un empressement patriotique par leurs clients péninsulaires ; les institutrices anglaises et les employés anglais sont obligés de se faire rapatrier et c'est à grand'peine que les représentants officiels de la Grande-Bretagne se maintiennent à leurs postes respectifs. A Porto, M. Crawford est obligé de s'absenter : à Lisbonne. le consul anglais a dû réclamer une garde militaire permanente et, pour plus de sûreté, il a fait de sa maison la maison du Consulat de France... ?

Cette attitude fait le plus grand honneur à la nation des Camoëns, des Vasco de Gama, des marquis de Pombal. A nous, Français, elle nous impose des devoirs et nous trace une ligne de conduite.

Il faut augmenter nos relations amicales avec cette Puissance et, par suite, nos relations commerciales et industrielles. Il faut que les grandes maisons françaises se fassent promptement et dignement représenter en Portugal. Il faut que nos divers syndicats se mettent en correspondance avec les principaux producteurs et les plus grands centres de consommation de cette contrée, soit pour en mieux connaître les ressources, soit pour en mieux connaître les besoins.

Le concours des Français est souhaité, désiré ; leur présence sera bien accueillie.

Cependant, on ne peut venir nous chercher par la main.

C'est au commerce français de faire les démarches, les avances, les installations nécessaires pour arriver à un bon résultat. C'est aux ingénieurs, aux mécaniciens, aux chimistes, aux praticiens de France, c'est aux artisans français à proposer leur concours aux usiniers, aux manufacturiers, aux agriculteurs, aux fabricants et aux capitalistes portugais.

Les Anglais, eux, n'ont apporté au Portugal aucune industrie ; ils ont, au contraire, étouffé les industries existantes ou naissantes. Accaparant les vins de Porto et de Madère, ils ont introduit l'usage du thé qu'ils fournissent ; accaparant tous les bois ouvrables ou de chauffage, ils ont monopolisé la fourniture du charbon ; accaparant les laines et les chanvres pour les réimporter manufacturés, ils ont, en outre, apporté le coton sous toutes les formes de son emploi ; accaparant les services maritimes, ils ont nettement entravé toute création d'une marine portugaise commerciale ou militaire; accaparant toutes les matières premières du Portugal et de ses îles, ils ont absorbé la fourniture des métaux en barres, en lingots, en feuilles, etc ; fils, toiles, tissus, mercerie, ils apportent tout d'Angleterre. Bien mieux, se moquant du voisinage de la France, de l'Espagne, de l'Italie, ce sont eux encore qui fournissent aux Portugais le beurre, le fromage, les huiles, les graisses, les céréales, les riz, les farines, les biscuits, les gâteaux, les engrais, les produits chimiques, les machines, les outils, les soieries de Lyon, les champagnes, les cognacs et même les vins fins de Bordeaux !

Enfin, comme **ils sont occupés actuellement à s'approprier les Colonies portugaises** et ont, en outre, la prétention d'empêcher l'inévitable et naturelle alliance économique du Brésil avec le Portugal, il est évident que ces excellents Anglais ont eu et gardent l'idée de considérer le Portugal comme un fief dont les habitants ne sont pour eux que des serfs taillables et corvéables à merci.

Cette situation ayant, finalement, provoqué l'explosion trop longtemps contenue de l'indignation nationale et du patriotisme portugais, les Français ont la meilleure situation pour supplanter actuellement l'Angleterre et s'enrichir en Portugal, tout en enrichissant ce pays. Mais qu'ils se hâtent, les moments sont précieux. Ils ont des concurrents sérieux, actifs et qui comprennent le commerce d'une manière autrement intelligente.

Depuis le milieu de janvier 1890, le nombre des courtiers américains a doublé à Porto et à Lisbonne; quant au nombre des commis-voyageurs et des courtiers allemands, il a carrément quadruplé.

Voici la constatation d'un fait dont devraient bien se préoccuper un peu Messieurs les élus du Parlement de France et que les in-

dustriels et commerçants français (qui sont électeurs) feront bien de méditer :

Depuis février dernier, le Gouvernement *allemand*, soucieux des intérêts de l'Allemagne, a envoyé, à ses frais, six agents commerciaux officiels parcourir les contrées portugaises (continent, îles et colonies).

Ces six agents commerciaux officiels *allemands* sont largement payés et bien accrédités auprès des autorités portugaises. Ils inspectent les places commerciales, collectionnent les échantillons des produits indigènes et des objets importés par l'Angleterre, étudient les ressources et les besoins du pays, avisent directement les manufacturiers et les négociants de l'Allemagne de ce qu'ils peuvent tenter ici, reçoivent d'eux toutes demandes d'informations et leur répondent immédiatement.

Chaque jour, ces agents *allemands* spéciaux et les consuls allemands reçoivent d'Allemagne des caisses des divers échantillons de l'industrie allemande et distribuent eux-mêmes ces échantillons chez les courtiers, les commissionnaires, les négociants portugais, ajoutant force et beaux prospectus illustrés, écrits en langue portugaise, avec prix indiqués en reis, et tous renseignements nécessaires sur le transport, le frêt, le tarif douanier, etc.

Puis, à la Légation et dans les Consulats de l'Allemagne, *les Allemands* trouvent tout ce dont ils ont utilité : statistiques, renseignements sur la solvabilité des clients, assistance judiciaire, interprètes, employés, domestiques, indications d'hôtel, de logement meublé, de pension ; on leur donne aussi des avis, des conseils, des encouragements ; on les accompagne, même *officiellement*, quand il le faut. (Gens pratiques, les *Allemands* ont tarifé ces services consulaires : de la sorte, les consuls, eux aussi, ont intérêt à être utiles aux voyageurs *allemands*.)

En regard de cela, qu'a fait la **République française** ?

Pour aider le Commerce français, le Gouvernement s'est empressé d'envoyer M. Billot à Rome ! On a ainsi déplacé le meilleur personnage à même de bien renseigner les commis-voyageurs français et ne craignant pas de le faire, sans morgue, avec bonté, intelligence, activité, — *alors que ses employés ne le peuvent ou ne le veulent, par incapacité ou indifférence.*

M. Billot, *rara avis*, se dérangeait volontiers, et toujours avec affabilité, pour faire rendre justice à ses nationaux et pour leur faciliter la réussite de n'importe quelle affaire honorable et patriotique. Il connaissait le Portugal ; il y rendait littéralement de grands services ; il y avait indispensabilité de le laisser à son poste à ce moment de crise politique, économique, intérieure et internationale ; **seul**, ici, parmi les fonctionnaires du Gouvernement, il remplissait tous ses devoirs... Bien vite, on l'a transféré en Italie ! Et nul ne le remplacera, il ne peut être remplacé ; il n'aura qu'un successeur...

Ajoutons un comble : **Depuis sept mois déjà, la France n'a pas de Consul à Lisbonne !!!** C'est un chancelier, M. Ratard, qui, du reste, fait tout son possible pour bien remplir ses devoirs et réussit à les remplir parfaitement, — qui représente, à lui seul, tous les intérêts français dans la capitale d'un pays où, depuis bientôt trois mois, l'on est chaque jour à la veille d'une révolution ou d'un bombardement !!!

Je dis qu'en Portugal, surtout à Lisbonne et à Porto, l'on est, chaque jour, à la veille d'une révolution ou d'un bombardement. Que le Commerce français, toutefois, ne s'inquiète point de ces éventualités. Venu, *à mes frais*, dans ce pays, pour continuer ma propagande en faveur d'une **Union économique Méditerranéenne**, — connu d'environ trois cents Portugais qui me renseignent exactement, établi depuis plusieurs mois déjà au milieu d'un pays avec lequel je suis en rapports depuis dix-sept ans, — je crois pouvoir être écouté lorsque j'affirme que « la *révolution* « *imminente n'amènera qu'un changement de* « *Cabinet ministériel,* **au bénéfice des pro-** « **gressistes - libéraux** ; *le bombardement,* « *si les Anglais arrivent à oser le faire ou* « *simplement le simuler, n'occasionnera qu'une* « *échauffourée d'un instant (car il y aura* « *plusieurs interventions pacificatrices) et ce* « *simulacre du renouvellement de l'infamie* « *commise à Alexandrie d'Égypte n'aboutira* « *qu'à l'absolue transformation du Portugal,* « **au complet détriment des Anglais.** »

Les Allemands, eux, le savent si bien que l'**Association Commerciale Allemande d'Exportation** va renouveler, à l'entrée du Tage, devant Belem, son **Exposition Flottante** qui, en 1888, a fait baisser de 891,844 fr. notre importation, en Portugal, de 1887.

Les *Allemands*, eux, le savent si bien que déjà les chimistes et leurs artisans, établis ici dans certains établissements gouvernementaux, recoivent de leurs nationaux des missions supplémentaires payées et s'occupent à faire de la publicité, par exemple, pour les fabricants *allemands* de produits chimiques, de papeterie, d'imagerie, de machines à coudre, de vélocipèdes, de plumes métalliques, de tabacs en feuilles et en carottes, de tissus imprimés, etc., etc.

Que les Français s'activent donc, *sans rien attendre de leur Gouvernement,* mais en comptant seulement et sur leur initiative individuelle et sur les excellentes dispositions de tout le Peuple portugais.

II

Voici quelques chiffres pour l'édification des négociants français, et quelques reproches à leur adresse.

Le Portugal n'est pas quantité négligeable : il a 5 millions d'habitants en Europe et 7 millions dans ses colonies.

Lisbonne, sa capitale, a 250,000 habitants et un port, le plus grand et le plus sûr du monde, appelé à devenir le mieux outillé et le plus achalandé, quand l'Angleterre ne s'y opposera plus.

La dette publique du Portugal ne dépasse pas 3 milliards. Ses recettes budgétaires, il est vrai, ne sont que de 220 millions, alors que ses dépenses s'élèvent à 230 : il y a donc un déficit annuel de 10 millions de francs. Mais c'est parce que le roi, sa famille, la cour et la noblesse (qui occupe tous les emplois), ont eu seuls, jusqu'à présent, le profit des recettes et celui des emprunts ; aussi, le peuple portugais est-il bien éloigné de pleurer quand un emprunt n'a pas réussi. Que M. Ephrussi se console donc !

Lorsque le gouvernement du Portugal sera moins coûteux, la prospérité de la nation deviendra facile et les emprunts seront couverts, car les ressources matérielles de ce pays sont immenses et ne demandent qu'à être utilisées.

Du reste, malgré l'autonomie du Brésil et malgré la perte d'une partie des colonies, le commerce général portugais se chiffre encore par 460 millions, sur lesquels 270 appartiennent à l'importation et seulement 190 à l'exportation, pour la bonne raison que, depuis 1703, l'Angleterre empêche toute production en Portugal.

Les douanes, la vente des vins et les emprunts restent donc, actuellement, les seules ressources du Trésor, depuis le traité de Methuen, qui a mis toute l'importation entre les mains des Anglais.

Pour exemple, en 1888, l'Angleterre a importé en Portugal des marchandises dont la valeur a été de 104,856,138 francs. (La France, elle, n'a importé que pour 27,691,195 francs).

Au reste, quelques-unes des importations réalisées, en 1888, dans le Portugal, par l'Angleterre, l'Allemagne et la France vont servir de fécond et significatif enseignement :

PRODUITS EN FRANCS IMPORTÉS PAR CES DIFFÉRENTS PAYS :

	ANGLETERRE	ALLEMAGNE	FRANCE
Beurre.	2.162.700	17.500	67.505
Saindoux et suif	101.694	92.233	266
Fromages	109.666	25.355	37.438
Riz	1.462.583	2.357.905	7.983
Sucre	3.498.722	820.988	454.582
Morue	6.424.144	6.572	6.855
Fécules	138.266	98.944	19.144
Peaux de vaches	27.140	12.426	827
Huiles et graisses	245.594	15.883	11.527
Baiettes	55.888	222	27
Tissus	940.444	469.272	172.333
Fil	61.555	44.155	28 961
Coton	15.619.480	1.625 884	1.337.143
Lin	1.860.846	797.930	441.642
Verrerie et céramique	10.743.241	1.272.311	1.766.190
Métaux	6.752.624	2.638.704	1.655.065
Substances alimentaires	15.965.231	3.819.377	2.243 590
Huiles végétales	269.605	756.788	12.938
Engrais	155.588	37.272	39.850
Produits exempts de tous droits	36.6 491	1. 7.842	71.686

La moitié, sinon davantage, des 104 millions de francs réalisés par l'importation anglaise en 1888, est à prendre par la France, maintenant que les patriotes portugais se sont mis en grève commerciale vis-à-vis de leurs spoliateurs et cherchent à augmenter, au contraire, leurs relations commerciales avec leurs amis français.

III

Au point de vue de l'exportation, les vins peuvent, surtout, devenir une occasion de transactions pour les fournisseurs du marché de Paris. Voici quelques indications de leurs diverses natures :

Les vins portugais ont une teneur alcoolique très variée, selon le crû, l'année ou même le producteur : de 8 à 17 %.

Ces vins, très neutres dans le Sud, sont acidulés dans le Nord.

Dans la plupart des vins du Sud, dits d'Estramadure, le tannin n'existe qu'à l'état de traces, ce qni les rend un peu inférieurs aux vins français pour la teneur en extrait sec. Ce défaut n'est pas irrémédiable, puisque nous voyons dans le même vignoble des vins très pauvres et d'autres très riches en extrait sec. Nous attribuons ces différences à la fabrication même des vins par le producteur.

Les vins pauvres en extrait sec sont ceux qui séjournent peu de temps en contact avec le rafle et le pépin.

Voici, *pour l'édification des acheteurs français*, quelques analyses récentes.

Vins du Nord du Portugal. — L'extrait sec varie de 24,30 à 61,14 ; l'alcool de 9,10 à 19,98.

Vins des provinces du Centre. — Extrait sec, de 22,11 à 28,86; alcool, de 11,80 à 14,53.

Vins des provinces d'Alemtejo. — Extrait sec, de 29,59 à 31,14 ; alcool, de 12,20 à 14,91.

Vins du Sud. — Extrait sec, de 26,02 à 37,84; alcool, de 12,55 à 14,95.

On peut, au résumé, établir cette moyenne :

Pour les vins acidulés rouges du Nord, alcool en vol. 8 à 9; extrait sec, 22 à 25 grammes par litre.

Pour les vins du Sud, rouges et blancs, ordinaires du commerce, alcool pour cent en vol. 11 à 13,5 ; extrait sec 18 à 20 grammes par litre.

En 1889, il a été exporté 85,016 pipes de vin de Porto, pour une valeur de 40,637,600 fr. environ. Ce qui met la pipe de vin, de 520 à 540 litres, à 478 fr. L'Angleterre, à elle seule, a exporté 42,000 pipes pour une valeur de 20 millions ; le Brésil, 25,000 pipes pour près de 11 millions. Le reste se partage entre l'Amérique, l'Allemagne, la Belgique et la France.

Mais, il faut observer ici que la Halle-aux-Vins de Paris, par exemple, a moins besoin des vins de Porto que des vins de la Serra d'Estrella, de Torres Vedras, Santarem, Lisbonne, Palmella, Setubal, Pinheiro, etc.

IV

La France, répétons-le, pourrait remplacer aisément par les siennes les fournitures anglaises suivantes, que, du reste, l'Angleterre, le plus souvent, achète bon marché en France pour les revendre très cher en Portugal : beurre, graisses, céréales, biscuits, farines, machines, outils, ciments, engrais, cotonnades, toiles, draperie, peausserie, ganterie, rubannerie, feutres, mercerie, papeterie, verroterie, parfumerie, chapellerie, conserves alimentaires, bière, vins de Bordeaux, cognacs, liqueurs, chaussures de luxe, confections, nouveautés, bijouterie fausse, colifichets, articles de ménage, bimbeloterie et tous articles de pacotille pour l'exportation dans les colonies. Comme on le voit, le champ est assez vaste.

La France pourrait et devrait, en même temps, apprendre au Portugal à améliorer ses vins de table, à mieux utiliser ses olives, ses figues, ses citrons, ses chênes-liège, à perfectionner son outillage agricole, à créer des pâturages, des prairies artificielles, des plantations d'arbres fruitiers, des plantations de ramie (qui viendrait excellemment dans l'Alemtejo), des cultures maraîchères et potagères, à établir l'élevage des bestiaux et des oiseaux de basse-cour, à installer des laiteries, des fruiteries, des viviers, des parcs de toutes les espèces, des manufactures , des usines , des fonderies : en un mot, à développer son industrie nationale, au rebours de ce qu'a fait l'Angleterre.

Mais, pour atteindre ce but, il faut que la France gouvernementale s'occupe moins du Panama, du Tonkin, du Congo, du Dahomey et de la Boulange..., pour pouvoir s'occuper beaucoup plus, et immédiatement, de la réforme consulaire, des tarifs d'exportation et des transports maritimes.

Puis, il ne doit plus suffire aux commerçants français d'envoyer en Portugal des prospectus plus ou moins illustrés, de faire quelques annonces-réclames et, parfois , mais rarement et chichement, d'expédier en Portugal un ou deux échantillons que les Portugais laissent pourrir à la douane, parce que l'expéditeur français n'a même pas songé à en payer le port et les frais d'entrée.

Il y aurait beaucoup à dire à propos de la douane portugaise ; mais mieux vaut attendre et patienter , car *tant que les recettes des douanes serviront à payer les dépenses du roi Rolha,* il sera inutile de tenter d'améliorer cette branche de l'administration bragancienne.

Au point de vue douanier, en effet, il n'y a que du bon plaisir en Portugal et les *traités internationaux ne sont pas respectés*.

Les choses en sont arrivées à un tel point qu'il n'est pas un commerçant pouvant établir le prix de revient d'un article quelconque avant d'avoir reçu cet article en magasin, c'est-à-dire avant d'avoir payé ce qu'ont bien voulu seulement lui réclamer la Douane et les innombrables succédanés du douanier portugais : *agents et commissionnaires obligatoires et de toutes les sortes.*

Des choses abracadabrantes se passent chaque jour.

D'abord, jamais la Douane ne vous donne avis de l'arrivée de la moindre marchandise.

Puis, si vous allez chercher cette marchandise, il se passe des semaines avant qu'on daigne vous la délivrer.

Après quoi, pas de tarif, — bien qu'il en existe un. Le caprice du noble seigneur douanier fait la loi. Et, le plus souvent, *on pèse, avec la marchandise, les toiles, les caisses et même les ferrailles de l'emballage.*

Quant aux Traités de commerce, on s'en moque absolument. La peluche, par exemple, devrait n'être taxée qu'à 1,500 reis le kilo ; on exige *couramment* 6,500 reis ! La soie est taxée, brute, 6,500 reis ; — *on pèse avec elle la caisse en bois dans laquelle elle est contenue !*

Et ainsi de suite, sans aucune régularité.

Répétons-le :

Tant que les recettes de la douane portugaise serviront à payer les dépenses du Roi, il sera impossible d'améliorer cette situation sur laquelle il vaut mieux glisser.

V

Il est impossible d'énumérer ici toutes les branches de commerce dans lesquelles les Français peuvent s'exercer en Portugal. Les négociants intéressés n'ont qu'à consulter, pour être complètement édifiés à ce sujet, les tableaux dressés par la Chambre de Commerce française de Lisbonne.

Son très aimable et très dévoué président, M. Maury, ingénieur des travaux du port, en a fait expédier des copies aux diverses Chambres de Commerce de France. Voici, au surplus, ce que pense M. Maury lui-même, qui habite depuis huit ans le Portugal et qui y a dirigé, sur divers points, d'importants travaux, très intelligemment exécutés :

Le mouvement commercial contre l'Angleterre est réellement sérieux et profond ; les marchandises anglaises ont été partout mises à l'index, tant par le public que par les commerçants eux-mêmes, qui ont fait et font encore des efforts pour s'approvisionner ailleurs. Ce mouvement peut être durable s'il est secondé, c'est-à-dire si l'on apporte au Portugal ce qu'il avait l'habitude de prendre aux Anglais, et la France en profitera dans la mesure de l'activité qu'elle déploiera pour cela ; mais il ne faut pas que nos commerçants et nos industriels attendent que le Portugais aille les chercher chez eux : il ne le fera pas. D'abord, parce que ce n'est pas dans sa nature et surtout parce qu'il ne les connaît pas. Les Allemands ne s'y sont pas trompés ; ils avaient déjà de nombreux représentants en Portugal, ce qui ne les a pas empêchés, dès l'annonce du conflit, d'envoyer de nouveaux agents, avec des échantillons et des catalogues, solliciter partout les commandes. Les Belges sont venus aussi chercher à remplacer les fers anglais à peu près exclusivement employés ici.

Le commerce français n'a pas montré le même empressement. A la suite de l'envoi en France des tableaux d'importations qu'elle avait dressés, la Chambre de Commerce a reçu un très grand nombre de lettres contenant des demandes de renseignements. Elle y a répondu dans la mesure du possible, mais ses membres n'ont pas une compétence universelle et aucun d'eux n'a assez de loisir pour se livrer aux recherches que comporteraient les demandes reçues. Si nos compatriotes venaient en Portugal, les membres de la Chambre se feraient un plaisir de les mettre dans la bonne voie, de leur indiquer à quelle porte ils doivent frapper, et chacun d'eux alors, apportant ici des connaissances spéciales, aurait rapidement vu ce qu'il y aurait à faire. Il apprendrait en même temps à connaître les habitudes de la place, habitudes qu'il faut accepter si l'on veut faire des affaires avec elle. Le commerce français a les siennes auxquelles il ne consent pas facilement à déroger ; il faut qu'il prenne son parti de se plier aux exigences des autres, parce que ses concurrents n'ont pas hésité à le faire. En France, par exemple, on a l'habitude d'être payé à 90 jours ; ici, on paye au bout de six mois ; les Allemands ont accepté d'emblée cette condition et ils ont eu des commandes.

Un des rares Français venus en Portugal, à la suite de l'appel adressé à notre pays par la chambre de commerce, représentait les industries rouennaises ; il a obtenu des commandes en se soumettant aux conditions de payement qu'on lui imposait, mais il a déclaré qu'il ne s'y était soumis que parce qu'il s'était bien rendu compte que c'était nécessaire, et que, certainement, s'il n'était pas venu et que l'affaire se fût traitée par correspondance, jamais les fabricants qu'il représentait n'auraient accepté des conditions pareilles. S'il n'était pas venu, il n'aurait certainement pas eu de commandes, car, lorsqu'il s'est présenté, on lui a dit immédiatement : « Nous connaissons vos pro- « duits ; ils sont très beaux, mais trop chers pour nous; « nous ne trouverons pas à les vendre. » Il a insisté, il a montré ses échantillons et on les a, en effet, trouvés tellement beaux, tellement plus beaux qu'on ne s'y attendait, qu'on s'est décidé à passer par dessus le prix élevé. Et voilà une marchandise nouvelle introduite en Portugal. Que les chefs de maison viennent donc eux-mêmes se rendre compte de ce qu'ils peuvent espérer de ce pays, c'est le seul moyen de réussir. Malgré toute la bonne volonté du monde, il n'est pas possible de leur apporter de la besogne toute préparée.

Nous avons vu que l'industrie rouennaise semblait

avoir compris qu'il y avait un sérieux effort à faire pour supplanter l'Angleterre en Portugal; si l'on songe, en effet, qu'il entre ici pour plus de 15 millions par an de cotonnades anglaises, on se rend compte qu'il y a un débouché important à se créer de ce côté. Mais il y a bien d'autres industries pour lesquelles nous devrions lutter avec succès. Les machines françaises sont à peu près inconnues en Portugal, et cependant nous faisons certainement au moins aussi bien que les Anglais. Les ciments de Portland français sont excellents, mais il n'y a guère que les entreprises françaises qui les emploient et il entre annuellement environ 6,000 tonnes de ciment anglais. Il entre en Portugal pour près de 8 millions de métaux bruts ou travaillés venant d'Angleterre; la Belgique cherche activement à s'emparer de cette consommation, mais la France peut certainement en avoir sa part.

Il est peut-être plus difficile à distance de se créer un débouché dans ce pays avec les produits artistiques. Le goût est très insuffisamment formé; aussi la plupart des articles de Paris que l'on trouve en Portugal viennent-ils d'Allemagne. Ce sont d'horribles contrefaçons décorées de titres français qui fourmillent de fautes d'orthographe. Cependant, souvent il y a un certain progrès dans ce sens depuis quelques années; peut-être pourrait-on arriver petit à petit à développer le goût des jolies choses.

Voici, en outre, l'opinion d'un correspondant du *Temps*, spécialement envoyé à Lisbonne par cet important journal pour étudier, sur place et conscienscieusement, la situation faite aux Français par les évènements anglo-portugais :

Les Français jouissent ici d'une situation privilégiée. L'influence française est grande en Portugal. Si ce pays commence à avoir une industrie locale, c'est à des Français qu'il le doit. Les premiers établissements industriels créés le furent par des Français appelés par le marquis de Pombal, au siècle dernier ; les filatures et les tissages de Lisbonne et de Covilha ont cette origine ; les premières verreries et les premières fabriques d'alcool ont été fondées par nos compatriotes. Tous les travaux exécutés en Portugal jusqu'en ces dernières années l'ont été par des Français. C'est à eux que ce pays doit ses premiers chemins de fer. Non seulement ils ont fourni les capitaux, mais encore les ingénieurs et les entrepreneurs pour les premières lignes de Lisbonne à Porto et de Lisbonne à Badajoz, plus tard pour les lignes de la Beïra-Alta. L'élément portugais s'est ensuite emparé des positions d'ingénieurs dans les compagnies de chemins de fer, et, maintenant seulement, il commence, avec assez peu de succès, à exécuter les travaux comme entrepreneur. Mais ce sont encore des entreprises françaises qui ont construit une partie des chemins de fer de Minho et Douro, les lignes de Cascaes et de Torres-Vedras ; ce sont des constructeurs français qui ont exécuté le pont Maria-Pia, à Porto, les ponts de Leixaes, près Porto ; de Santarem, près Lisbonne ; de Funchal, à Madère, et de Ponta-Delgada, aux Açores. Ce sont encore des Français qui exécutent, en ce moment, les grands travaux du port de Lisbonne. Ce n'est pas sans raison qu'un Portugais lettré me disait récemment :

— C'est par le cerveau des Français que nous agissons et que nous pensons.

La vérité est que la très grande majorité des ouvrages d'instruction sont français, que nos journaux sont lus dans toutes les villes du Portugal, que toutes les librairies regorgent de publications d'ouvrages français, tandis qu'on ne voit que peu de livres anglais et pas du tout d'allemands. Dans tous les établissements d'enseignement, les jeunes gens apprennent le français. L'anglais est incomparablement moins répandu. S'ils parlent de politique, les journaux invoquent les grands noms de notre histoire ; s'ils ont à faire une citation littéraire, ils l'empruntent à Michelet, à Balzac, à Victor Hugo, etc. Le Portugal est un pays déjà conquis aux idées françaises. Que nos négociants, en y prenant pied, en achèvent donc la conquête pour le plus grand profit de notre industrie, de notre commerce et de notre influence générale.

A titre de simple renseignement géographique j'ajouterai, pour les personnes qui auraient vu jouer le *Voyage de Suzette* au théâtre de la Gaîté, que le Portugal, représenté dans cette pièce, sur la carte d'une école de Barcelone, par une bande de terre allant de la Méditerranée au golfe de Gascogne, n'est pas celui qu'ils découvriront. Le Portugal est séparé du golfe par la Corogne et les Asturies, ce qui faisait dire à un républicain portugais, à qui je signalais ce lapsus de la géographie du *Voyage de Suzette* :

« — Ah! monsieur, quel malheur qu'il n'en soit pas ainsi. Si le Portugal était si près de la France, il y a longtemps que nous serions en république! »

On le voit, jamais l'occasion ne fut plus propice. Que le commerce de France s'empresse donc d'en profiter.

VI

Messieurs les commerçants français, il vous faut aller à Lisbonne, à Porto. Tout au moins, il vous faut envoyer en ces villes des représentants parlant le portugais, bien lestés d'argent, afin de faire bonne figure en ces pays où « paraître » est tout, largement fournis d'échantillons à distribuer et connaissant ce que les Anglais et les Allemands peuvent offrir de similaire.

Il faut que les commerçants français aillent sur place, chez le client, pour que ces échantillons soient examinés ; il faut qu'ils en fassent eux-mêmes apprécier la valeur ; il faut qu'ils en discutent et en expliquent eux-mêmes les avantages, à prix égal, de solidité, confort, élégance, ingéniosité.

Enfin, il faut que les commerçants français acceptent les habitudes portugaises et n'imposent plus les leurs. Les Anglais et les Allemands ont accepté de n'être payés qu'au bout de six mois ; c'est l'habitude en Portugal. Les Français ne doivent pas exiger d'être payés à 30, 60 ou 90 jours, avec plus ou moins d'escompte.

D'ailleurs, en Portugal, les affaires sont sûres ; les traites sont honorées et les commerçants portugais ont une régularité remarquable.

Les négociants français négligent également une manière de procéder qui paraît indispensable pour attirer la clientèle portugaise.

Nous voulons parler de l'établissement de dépôts permanents confiés à un représentant établi dans le pays. Ces dépôts nécessiteraient relativement peu de frais et pourraient être placés sous la direction d'agents sur la moralité desquels les commerçants français pourraient se renseigner préalablement.

Leurs commis-voyageurs ont rarement des spécimens entre les mains ; ils font choisir l'acheteur sur des albums en couleur. En outre, la fourniture des commandes est extraordinairement lente, en raison du petit approvisionnement dont les fabriques disposent dans chaque espèce. Ces inconvénients seraient évités par la création de dépôts à Lisbonne et à Porto.

Que si les fabricants français n'osent, individuellement, imiter les Allemands qui, présentement, inondent de leurs échantillons gratuits le marché du Portugal et remplissent de leurs fastueux représentants tous les hôtels de Lisbonne et de Porto ; eh bien, qu'ils s'associent pour le faire : un représentant peut opérer pour deux ou même trois maisons.

Qu'au moins, au pis-aller, les Syndicats et les Chambres de Commerce fassent le sacrifice d'envoyer là-bas des agents autorisés et intelligents. En somme, que les commerçants aient enfin un peu d'initiative !

C'est vraiment le moment, ou jamais, de faire faire un pas commercial à la France : le Portugal tout entier est favorable au développement de ses relations économiques avec les Français.

Et si, cette fois encore, la France ne s'active pas, l'Allemagne remplacera là-bas l'Angleterre, pour la plus grande honte et le plus grand dommage des peuples méditerranéens.

VII

C'est ici le cas de parler net :

Les erreurs sont telles, lorsqu'il s'agit du Portugal, qu'on croirait, en les lisant, que nos écrivains s'occupent d'un pays inabordable et placé aux antipodes de la France.

Le Portugal a gardé jusqu'ici son originalité primitive, ses allures pittoresques, sa couleur personnelle pour ainsi dire. Un puissant attrait de nouveauté, renaissant à chaque pas, s'empare de vous aussitôt qu'on foule cette terre inconnue. La nature même, tout aussi bien que les costumes et les mœurs, ne ressemble à rien de ce que l'on a rencontré jusque-là dans ses voyages. C'est ce qui explique une partie des jugements erronés formulés à son sujet.

J'ai, je l'avoue, une profonde sympathie pour ce brave petit peuple que l'on supposait endormi, pour ne pas dire mort, et que sa remarquable Exposition au Champ de Mars, malgré ses lacunes, a pour ainsi dire révélé.

J'ai foi dans le rôle que le Portugal est appelé à jouer, en Europe, dans l'avenir.

Son histoire est une école d'héroïsme et de contrastes. Quoi de plus merveilleux que l'époque de la conquête des Indes ? Quoi de plus abominable que l'époque du triomphe de la noblesse, du clergé et de l'inquisition ? Quoi de plus encourageant que la Révolution économique actuelle ?

Le Portugal est plus peuplé que l'Espagne (52 habitants par kilomètre carré, contre 37) ; on y meurt moins (27 contre 32) et l'on s'y marie davantage (14 contre 12). Les chemins de fer y couvrent une superficie aussi grande qu'en Espagne. Les télégrammes y sont plus nombreux ; les lettres et cartes postales beaucoup plus nombreuses. L'armée y coûte moins cher ; la dette publique est moins considérable.

Ecrasé comme il l'est encore par l'Angleterre, le Portugal importe et exporte relativement plus que l'Espagne. Au point de vue politique, il lui est de beaucoup supérieur. Ce qui l'a empêché d'avancer jusqu'à ce jour, c'est l'Angleterre qui l'a tenu très durement en vasselage depuis le traité de l'habile Anglais Methuen (de 1703). Mais le progrès est évident.

Un jour s'approche, la réaction aidant, où la Révolution portugaise conquerra l'Espagne par la contagion de l'exemple.

En effet, lorsqu'on passe en revue les éléments dont le Portugal dispose et les forces dont il peut user, on est bien aisément fixé sur l'avenir de cette nation d'élite.

Si la foi dans cet avenir manque encore aux hommes d'État français, si le Portugal n'a point encore en France l'importance que lui méritent son passé, ses forces actuelles et ses tendances libérales, c'est que, dans le mouvement contemporain des grands États, les petits États disparaissent. C'est aussi que l'opinion, passionnée seulement par les faits éclatants, est injuste pour l'œuvre relativement obscure d'hommes supérieurs appliquant modestement, dans l'ombre, des facultés de premier ordre au progrès et à la prospérité d'une nation de cinq millions d'habitants.

Le jour où l'intérieur du royaume sera mis à même de déployer toutes ses forces, où la marine de guerre et la marine marchande se trouveront portées à une force considérable, et où les Colonies, si riches et si vastes, se verront l'objet d'une exploitation intelligente, — on sera forcé de compter avec cet État, quoique petit, à chaque étape difficile que l'Europe aura à traverser dans sa reconstruction sociale.

Quand on possède le port de Lisbonne et celui de Porto, un littoral maritime étendu, des bois de construction admirables, des matelots pour lesquels le climat de la Laponie est aussi inoffensif que celui du Congo, des vins, des huiles, des laines qui ne demandent qu'à être mieux utilisées, des agriculteurs sobres et laborieux, des artisans intelligents et actifs, des capitalistes audacieux, des philosophes d'un génie semblable à celui de Latino Coelho, des orateurs comme Manoel d'Arriaga, des chefs de parti comme Elias Garcia, des publicistes comme le vicomte de Melicio, des patriotes comme Magalhaës Lima, des géographes comme Carlos de Mello, des explorateurs comme Serpa Pinto, des poètes comme Teixeira Bastos, des historiens économistes comme Teophilo Braga, des écrivains militaires comme F. Sâ Chaves, des littérateurs comme Reis Damaso, des socialistes comme José Carrilho Videira, des philanthropes comme Xavier da Silva, des révolutionnaires comme Hygino de Souza et Xavier de Carvalho, l'on est véritablement une Nation faisant concevoir les espérances les plus fondées, malgré les fautes d'une monarchie qui se discrédite et se perd en demeurant *consciemment* la complice de l'ennemie de la patrie.

VIII

Il est peu de climats aussi charmants que celui du Portugal ; peu de pays aussi pittoresques et d'un aspect aussi varié. Malheureusement, il est peu de pays où l'agriculture et l'industrie soient aussi en retard, alors que, précisément, la nature se complaît à tout lui fournir pour la prospérité de ses champs et le matériel de ses ateliers.

Il y a pourtant une Division de l'Agriculture au Ministère des Travaux publics et un Institut général d'Agriculture à Lisbonne ainsi qu'une admirable Ecole Agricole à Santarem *(dirigée par un Français, M. Gaston Malet, de Fontenay-aux-Roses)* et une Ferme-École à Cintra ; mais, tout cela est d'un primitif absolument peu consolant. A Santarem, principalement, il a fallu et il faut des miracles pour aboutir au succès obtenu avec des moyens si limités. Puis, à part dans la province du Minho, les prairies artificielles sont inconnues et les pâturages n'existent pas dans les provinces de Beira.

L'élevage des bestiaux, cependant, pourrait tenir une place importante dans l'industrie agricole du pays. Mais les capitalistes portugais n'ont aucune tendance à porter de ce côté-là leurs efforts.

La vigne est la principale richesse ; elle constitue l'élément le plus considérable du commerce extérieur et la production du vin dépasse de beaucoup ce qui est nécessaire à la consommation.

La production et la vente des tabacs rapportent près de 20 millions annuels au fisc ; la culture du tabac n'est autorisée que dans les îles, mais la vente en est libre dans tout le royaume.

Le maïs est très abondant : il est plus fréquemment employé dans les provinces du nord qui sont très productives. Les provinces du sud ont souvent de l'analogie avec le désert du Sahara : il y a là, pourtant, de vastes étendues de terrain fertile où l'on pourrait faire pousser du blé en assez grande quantité pour les besoins du pays ; mais on préfère importer d'Espagne, d'Angleterre et même d'Amérique.

Dans les régions méridionales, on rencontre le caroubier, l'eucalyptus, le palmier-nain, et la culture en est aux rudiments des premiers âges.

La sylviculture, en Portugal, occupe le dernier rang. Les paysans ont une horreur curieuse pour les arbres et non seulement ils n'en plantent pas, mais ils saisissent toutes occasions d'arracher ceux qui existent.

Le pin se rencontre en grande quantité sur tout le littoral. La forêt de Leiria, toute d'essence de sapin, alimente une importante fabrication de résine, de goudron de bois pour la marine et l'administration des télégraphes.

Le chêne est l'arbre qui se rencontre en plus grande quantité après le pin. Le bois de construction vient de l'étranger, malgré cela ! Le remède serait facile si le Gouvernement voulait donner l'exemple des plantations et des exploitations intelligentes.

Le chêne-liège, toutefois, commence à devenir l'une des principales branches d'exploitation.

La culture de l'olivier est fort répandue ; mais la fabrication de l'huile est tout à fait imparfaite. Alors que cette huile pourrait être de première qualité, elle est commune et d'odeur nauséabonde.

L'orange a été jadis d'un grand produit ; elle est détrônée par la mandarine et la banane.

Le citronnier commence à être cultivé davantage.

Les animaux présentent une grande variété d'aspect : les chevaux sont vigoureux, petits et sobres ; les bœufs, absolument remarquables ; les porcs, nourris avec des glands de chêne, sont charmants... sur la table, depuis les pieds jusqu'au bout du groin.

La race canine fournit de beaux lévriers, derniers descendants de la race mauresque.

Les mulets sont là dans leur véritable patrie et les ânes aussi. Ce sont, les uns et les autres, les meilleurs aides des habitants du Portugal. Ils font tout, ou à peu près ; on pourrait presque ajouter aussi qu'ils dirigent l'administration gouverne-mentale actuelle du pays.....

Au Moyen-Age, le Portugal était fort industrieux. On tissait le lin, la laine et la soie à Lisbonne, sous le roi Denis et son successeur Alphonse IV.

La domination espagnole mit ordre à cela. Cependant, sous don Pedro, le ministre Ericeira comprit la nécessité de relever la fabrication des lainages et fonda les manufactures de Covilha, Portalegre, Arrentella. La domination anglaise, à son tour, arrêta cet élan.

En 1703, Methuen, ministre anglais à Lisbonne, parvint à conclure le fameux traité qui porte son nom et toute l'industrie portugaise en reçut un coup de mort, surtout celle des filatures.

L'industrie textile, néanmoins, réapparaît, mais lentement.

Les dentelles portugaises sont appréciées, surtout celles de Péniche.

Le tissage des étoffes de coton prend aussi de l'importance.

L'industrie de la pêche est également en prospérité.

Mais, si à la surface du sol portugais, on parvient à s'occuper davantage de l'augmentation des céréales et du bétail, et, si en même temps, on songe aux richesses intérieures de ce sol privilégié, à l'exploitation des mines, *l'avenir économique du Portugal dépassera tout ce que l'on peut imaginer de prospérité durable*, et l'on n'aura plus besoin de recourir à M. Ephrussi pour emprunter à 40 %.

Déjà l'imprimerie et la librairie sont à la hauteur de ce qui se fait de mieux chez les autres nations. La photographie s'améliore. La gravure se perfectionne. Les cartes géographiques, surtout, sont des modèles de perfection.

La fabrication du papier et la céramique ont pris un développement immense, ainsi que la cristallerie, la joaillerie et l'orfévrerie.

Le sel donne près de 600 millions de kilogrammes par an.

Le marbre, les granits, l'ardoise abondent.

Les eaux minérales sont bonnes et nombreuses.

Les chemins de fer existeront bientôt dans

toutes les directions; les routes sont passables, et bientôt Lisbonne possédera le plus grand, le plus beau et le mieux outillé de tous les ports du monde : on ne saurait trop le répéter.

Le Portugal a donc devant lui un bel horizon, *s'il se débarrasse du chancre économique anglais et de certaines sangsues.*

Importations, exportations, exploitations de toutes les sortes, l'Angleterre a la main haute partout, en Portugal, — **jusque sur son Gouvernement!**

C'est l'Angleterre qui fait et défait les tarifs de douane! C'est l'Angleterre qui détient les créances de la dette publique! L'Angleterre fournit au Portugal jusqu'aux barils de colle pour les timbres-poste, comme l'a constaté jadis Mme Rattazzi dans son excellent livre : le **Portugal à vol d'oiseau.**

Que le Portugal se débarrasse de ce collage anglais, qu'il se débarrasse du *chancre économique anglais, qu'il se débarrasse des Ephrussi et consorts;* **qu'il se débarrasse des amis et des stipendiés de l'Angle-**

terre et, bien vite, avec l'indépendance nationale, il recouvrera la prospérité financière que fournissent seules la prospérité et l'indépendance de l'agriculture et de l'industrie.

10 mai 1890.

M.-A. GROMIER,

Syndic de la Chambre des Représentants de Fabriques et de Commerce.

11, Rua Nova Almada, à Lisbonne.
20, Rue Choron, à Paris.

P.-S. — Il n'y a toujours pas de consul français à Lisbonne, où depuis bientôt huit mois, le dernier titulaire, l'ex-député Silva, n'a pas encore été remplacé!!!

Paris-Imp. LEFEBVRE, Pass. du Caire, 37-89. — 258690

www.ingramcontent.com/pod-product-compliance
Lightning Source LLC
Chambersburg PA
CBHW061623060726
47597CB00005B/1771